서두르지 않는 봄

디카詩 시인선 003

서두르지 않는 봄

오대환 시집

시인의 말

텃밭을 일구고 나무들을 가꾸며 보상으로 얻은 사진 몇 컷과 단명한 문장, 제목을 융합하여 시 꽃을 피워왔다.

지난 여름, 이석회전어지럼증이 나를 쓰러뜨렸지만 한국예술인복지재단, 아내, 주위 고마운 분들의 도움으로 디카시집을 묶었다.

내 일상 현장보고서 같으나 디카시는 일상의 예술이요, 예술이 일상이 되는 생활문학이라는 말에 공감한다.

실시간 소통하는 디카시는 이제 하나의 대세요, 시대정신이요, 물결이 되었다. 렌즈를 통해 바라본 풍광과 그 벅찬 감동을 세상의 디카시인과 공유하기 위해 한 발 내딛는다.

사진 기호와 문자 기호가 화학적 반응을 일으켜 새로운 섬광으로 나타나는 디카시가 삶과 우주를 담는 세계인의 문학으로 이어지기를 기대한다.

부추꽃 필 때
2025년 9월 9일
동심재에서
오대환

시인의 말 5

해설 일상의 예술과 타자 지향의 윤리학 | 오민석 · 138

1부 추억의 아코디언처럼

꼬들꼬들	12
속이 보여	14
산책 중	16
숨결 하나의	18
천년 고요	20
서두르지 않는 봄	22
그 손	24
무슨 일이야	26
잎의 이중주	28
노마드	30
추억의 아코디언처럼	32
하마터면	34
착각	36
가방 대기실	38
허虛 허	40

2부 농사 위에 감사

가는 길	44
절규도島	46
휴休	48
주인 있소	50
부동자세	52
꼭지	54
흰 고무신	56
여름살이	58
선물기記	60
농사 위에 감사	62
깨강정	64
아르떼 뮤지엄	66
역광선	68
건강 대기 중	70
살맛	72

3부 이겨놓고 싸운다

이슬점點	76
부활의 눈	78
세밑	80
식탁 위 달	82
설화	84
목련 단상	86
잿빛 고양이 네로	88
그림의 떡	90
크루즈	92
외출할 땐 보지 못했네	94
봄의 비상	96
이겨놓고 싸운다	98
어머니의 자리	100
잇다	102
딴 살림	104

4부 수직 정원에서 길을 찾는다

생명선	108
꿈의 색으로 핀 여름	110
수직 정원에서 길을 찾는다	112
서슬한 날	114
한 방향	116
약속	118
아직도	120
새도	122
창화	124
식감	126
배꼽 웃음	128
나 어때	130
늦여름 오작교	132
가을맞이	134
시즌 2	136

1부

추억의 아코디언처럼

꼬들꼬들
속이 보여
산책 중
숨결 하나의
천년 고요
서두르지 않는 봄
그 손
무슨 일이야
잎의 이중주
노마드
추억의 아코디언처럼
하마터면
착각
가방 대기실
허慮 허

꼬들꼬들

그 속 다 내주고

머리까지 잘린 몸뚱이

속앓이도 할 말도 없으니

바람 따라가는

꼬들꼬들한 인생아

속이 보여

게으른 주인

갑작스런 한파에

밀짚모자를 씌우는가

사람보다 배추가

속이 찼기 망정이지

산책 중

말 한마디에

녹을지도 모른다

나는 오늘도

살얼음판 위를

달린다

숨결 하나의

너의 상처 곁에

내 마음을 묶었지

고요히 숨을 섞으며

햇살도 나눠 갖고

함께 자라는 하루

천년 고요

고려청자 박물관 길

돌확을 만났네

양념이나 곡물은 안 보이고

청자빛 하늘만 보여주네

서두르지 않는 봄

모란이 이울기를 기다리고 있을 테요

저렇게 차례대로 꽃잎이 열리고

모란과 작약이 아름답게

창화하는 날이에요

사이좋은 장독대 뒤란

그 손

바다에 죄를 지었다

생명을 묻고

검은 물결을 건넨

핵폐기물 방류

기억하겠다

무슨 일이야

속살이 보기 싫어

겉흙만 붙이고 버틴 채

손이 닿으면 깜짝 놀라는

조용한 폭발

움

잎의 이중주

망을 보던 성벽 위에

담쟁이가 노래한다

바람이 화답하며

세월을 어루만지니

과거와 오늘이 함께 숨 쉰다

노마드

건너자는 바람 소리 세차고

구름기둥 불기둥 지펴

호수 속에 비친 내 모습을

만나게 될 거야

수선화 꽃이 되어

추억의 아코디언처럼

한 쌍의 리드에 바람을 보내네

숨 쉬는 듯한

심신을 울리는 슬픈 음색

생명 있는 것은 절대미를 찾는다

추억의 아코디언처럼

하마터면

돌갯재 돌단풍을

이제야 보네

꽃을 따라 내 마음

가는 길은

소근대는 희망 속

착각

도서관 숲에 세워논

하얀 민들레

혼자서도 피고 지지만

자동 점멸 없는

형설지공

가방 대기실

택함을 벗어둔 채 비운 자리

훈련은 불꽃 튀는 전장 터

말없이 증인으로 남은 짐 가방들

이 겨울 끝 어디쯤에서

주인은 별로 떠오르리라

허虛허

누구보다 당신을 사랑해요

우주를 향한 안테나

회생을 꿈꾸는 듯

동백꽃 심지 하나

보인다

2부

농사 위에 감사

가는 길
절규도島
휴休
주인 있소
부동자세
꼭지
흰 고무신
여름살이
선물기記
농사 위에 감사
깨강정
아르떼 뮤지엄
역광선
건강 대기 중
살맛

가는 길

길을 갑니다

비움과 퇴적의

길은 같으나 또 다른 아득함

나는 당신을 당신은 나를

붙잡고 가는 소리

절규도島

놀란 나무의 맨살에

아픔과 절망의 섬이 생겨

슬픔 많은 실존을 이야기하듯

표기되지 않은 지도 속에

절규도島가 숨어 있네

休休

사이좋은 구름을 보니

입술처럼 떠 있고

갯벌을 적시는 억겁의 강줄기

쉿 깨우지 말아요

의자도 좀 쉬게

주인 있소

밤 10시 네거리

무인 카페는

카드가 주인이고

노방 꽃가게는

양심이 주인이네

부동자세

마삭줄 모자를 쓴 근위병

당신은

곱슬머리 푸시킨을 아시나요

삶이 그대를 속일지라도*

좌로 봤

*알렉산드로 푸시킨의 시詩에서 빌려옴.

꼭지

고초 당초 맵다 한들, 아직

붉은 기운의 빨간 꼭지들이 모였네

에취 엣취

사랑의 젖꼭지와

여름날의 아린 눈팅

흰 고무신

아부지가 오셨나 보다

수세미로 닦고 닦아

씻어 세워놓던 흰 고무신을 보니

송사리 담고 벌을 잡던

아부지가 가시나 보다

여름살이

방충망에 달라붙어

부채살처럼 한 쪽 방향으로

실핏줄 같은 비밀코드가 보인다

도란도란 맑은 기운 흘러나오는

녹색 그늘 속 한여름

선물기記

생일 선물 두루마리 휴지

12년째 10.8km를 받아 썼다

이는 종합운동장 트랙을 25번 돌고 남는 수치이다

다 쓰고도 아직 풀리지 않고 있는 것은

깨끗한 나라, 건강하고 깨끗한 세상

농사 위에 감사

한로가 지난 텃밭에서

생기다 만 늦둥이를 땄다

야릇한 시간인데

이슬 같은 마음속

방울지는 감사 있네

깨강정

깨끗이 씻어 중불에 볶는다

흩어지지 않도록 알알이 뭉쳐놓자

깨알같이 많은 사람들이 보인다

깨어나 반짝이는 네가 누구냐

소리 없는 함성이다

아르떼 뮤지엄

시절을 그리는 건 알겠는데

왜 반시계 방향으로 감는지

미스터리

역광선

아침 해가 돋을 때

셔터 소리에

선잠을 깬 바들 나비 꽃이 흔들리며

얘들아, 사진은

빛 놀음이래

건강 대기 중

을사년 아침에

건강원 앞이 수런거린다

야산이 내려왔다고

산의 기를 마시고

푸르러질 거야

살맛

담장 너머로 넘겨준

김치 세 포기에

정을 타고 오는 안온한 바람

정이 발효되면

살맛이 나오는가

3부

이겨놓고 싸운다

이슬점點
부활의 눈
세밑
식탁 위 달
설화
목련 단상
잿빛 고양이 네로
그림의 떡
크루즈
외출할 땐 보지 못했네
봄의 비상
이겨놓고 싸운다
어머니의 자리
잇다
딴 살림

이슬점點

눈을 감고 이슬점을 찾는다

초저녁일까

한밤중일까

혹 새벽일건지

자꾸만 기다려진다

부활의 눈

아직 지지 않은 꽃

잘라서 꽃병에 꽂아둬도

3년 간다는 천일홍

혹한에도 의연한

부활의 눈

세밑

눈썹 세는 섣달그믐날

소풍처럼 설레는 밤

떠나간 이도

기다리는 이도

나눈 빛 간직하며 살아요

식탁 위 달

배를 갈랐다

나물에 오곡밥 먹고 달 보고 소원 비는

정월 대보름날

호박죽 만들어 놓고

사랑의 달 보고 웃는다

설화

홍 가시 나뭇잎에 눈이 내려

하얀 별이 반짝반짝 반짝이며

소리 없이 하는 말

여기가 우리집이야

또 올게

목련 단상

허공 중에

남바위 쓴 수줍은 목련화

치맛자락 흘러내리는

그 소리에

봄이 온다

잿빛 고양이 네로*

너만 몰라

귀는 둘이요

입은 하나라는 걸

3월의 양지 아래서

* '검은 고양이 네로'를 변용.

그림의 떡

자세히 보아야 보이는

사진 속의 캣대디

우리는 잘 몰라요

사람이 떡으로만 사는 게 아니*라는

순서를

* 사람이 떡으로만 살 것이 아니요(마태복음 4장 4절).

크루즈

나는 볼 수 없지만

남에게 숨길 수 없는 반쪽

오늘 내가 밟고 가는 이 발자국*은

뒷사람의 이정표가 되리

바라보기 편한 뒷모습

*서산대사의 말 차용.

외출할 땐 보지 못했네

갈고 자르고 뚫고 보철 두 개 본뜨고

녹초가 된 나

힘들고 지쳐 돌아올 때 보이네

그래 톱날이 신경 사이로 돌아가도

입 벌리기는 큰꽃으아리처럼

봄의 비상

홰를 치고 나서도 한참 후에야

동이 트는 겨울 속

날아오르고자 하는 마음 하나로

눈부시게 반짝이네

연분홍 날개

이겨놓고 싸운다

오라는 곳은 없어도

가야 할 데가 많은 담쟁이

나도 텃밭에 기대어

늘 봄이 온다 하니

이미 이겨놓고 싸운다

어머니의 자리

쪽지고 시집온 날부터

식구들의 찬거리를 다듬다가

세상이 어수선할 때는

몸과 마음을

가다듬을 줄도 아시던

잇다

누가 뭐라 하지 않아도

언제나 같은 방향으로

눈물을 흘리듯

손을 내미는

실의 이야기

딴 살림

날 잡아봐라

왼쪽 머리에 숨었다가

오른쪽 머리에 숨었다가

곡예를 부리는, 바람에

뒤뚱거리며 사신 어머니

4부

수직 정원에서 길을 찾는다

생명선
꿈의 색으로 핀 여름
수직 정원에서 길을 찾는다
서슬한 날
한 방향
약속
아직도
새도
창화
식감
배꼽 웃음
나 어때
늦여름 오작교
가을맞이
시즌 2

생명선

비를 머금은 길 위에

풀빛이 혈관처럼 이어진다

거북이 등껍질 같은

창조의 문양 속에서

생명은 오늘도 숨 쉰다

꿈의 색으로 핀 여름

수정 빛 나무들이 하늘을 찌르고

자미화는 허공에 피어난다

젊은이 둘, 꽃그늘에 기대어

말 없는 여름을 건넌다

세상은 잠시, 꿈의 색이다

수직 정원에서 길을 찾는다

하늘 끝에 걸린

초록 기도의 탑

잎새마다 새의 숨결

바람도 무릎 꿇고 지나가네

하늘길은 오래, 오래

서슬한 날

삐거덕거리면 기름치고

짝이 있었지

소식이 왔나 해서 나가보네

녹슨 귀에 스치우는

산바람 강바람

한 방향

개천에서 용이 났다니

미증유의 앞길이 보여

핵우산을 쓰더라도

한 방향으로 그대와 함께

개구리 올챙이 적 생각 크도다

약속

저 버드나무는

물을 좋아해

투명한 창문에

우물 정井

아직도

핼미네 마당에 사진관 채려놨다

사진 찍어 보여주서요

시시하다고 안 올라고

백합처럼 피어나는

손주들 기다림

새도

나를 좀 꺼내주시오
미켈란젤로 씨

마음속의 미소가
꽃처럼 피어나게

창화

채송화당 만세

네

만세는 삼창이지라

식감

시각 청각 미각을

두루 만족시키는 음식

불가마 돌아나온 보리튀밥

너를 보는 순간

한여름이 바삭해진다

배꼽 웃음

더 이상 늙은 호박이라

부르지 말아주세요

꽃이 보이지 않으세요

저는 속가슴 갈아주는

맷돌입니다

나 어때

꽃이 뿌리 따라 숨 쉬는 날

차는 바퀴 따라 달린다

저마다의 길 위에서

선을 따라가는 세상 속

백일홍 한 송이 손짓하네

늦여름 오작교

어쩔 수 없는 만남

새 깃은 날아오르려 하고

설악은 내려앉으려 하네

순간에서 영원까지, 우리는

꽃친구, 길동무

가을맞이

덩굴을 타고

9월이 오는가 보다

나팔 소리로 아침을 여는 손끝은

더 플랫

시즌 2

빛이 내려

땅을 보고 한 계절

하늘 보고 다시 한 계절

무청과 시래기의

초겨울 변주變奏

■ 해설

일상의 예술과 타자 지향의 윤리학
― 오대환 디카시집 『서두르지 않는 봄』 읽기

오민석/ 문학평론가, 단국대 명예교수

디카시에 관한 관심들이 점점 더 고조되고 있다. 전문 시인들이 쓰는 디카시도 점점 더 그 수준이 높아지고 있지만, 일반인들 사이에서도 디카시가 놀랍도록 빠른 속도로 확장되고 있다. 평범한 시민들 사이에서 디카시는 특히 생활문학으로서의 가능성이 특별나 보인다. 생활문학이란 문학의 소재가 일상생활이어서 문학이 자연스레 생활의 일부가 되고 '생활의 미적 표현'이 되는 경우를 말한다. 디카가 내장된 스마트폰 덕분에 이젠 전문적인 사진 기술이 없어도 누구나 아무 때나 사진을 찍을 수 있다. 디카시는 그렇게 사진의 형태로 포착된 날시raw poetry에 5행 이내의 문자기호를 결합해 만드는, 순간 포착, 순간 언술, 순간 소통의 극순간 멀티언어예술이다. 디카시 애호가들에게 디카시의 소재는 천지에 널려 있다. 몸의 일부처럼 항상 가지고 다니는 카메라의 렌즈를

들이대는 순간부터 일상의 모든 사물은 디카시로 태동하기 시작한다.

　디카시의 성공 여부는 사진기호와 문자기호가 각기 따로 높은 수준에 이르는 데에 있지 않고, 이것들이 어떻게 어울려 고도의 화학반응을 일으키느냐에 있다. 디카시는 사진기호와 문자기호의 '배타적 완결성'을 지양하고 '상호적 화학반응'을 지향한다. 이런 점에서 디카시의 사진기호와 문자기호는 '에로스적' 관계에 있다. 에로스는 자신의 에너지로 타자를 전유하거나 압도하려 하지 않는다. 프로이트가 말한 대로 에로스란 자신의 리비도가 온전히 타자에게 전이되는 상태를 의미한다. 디카시의 사진기호와 문자기호는 상대의 기를 죽이지 않고 서로에게 다가가 스미고 섞이는 것을 지향한다. 훌륭한 디카시는 사진기호와 문자기호가 이렇게 자신들의 리비도를 온전히 쌍방에게 전이할 때 탄생한다.

　오대환은 기성 시인이면서도 매우 겸허한 자세로 디카시를 대한다. 그는 특별하고 기발한 현상만을 골라 카메라를 들이대지 않는다. 그의 시선엔 주변의 모든 사물이 잠재적 시의 상태에 있다. 그는 너무 평범해서 사람들이 오히려 보지 못하는 것들을 시의 원석으로 삼는다. 그의 시적 소재들은 평범함의 이름으로 버려진 보석들이다. 그는 그것들을 포착해서 사진에 담는데, 그럴 때도 그는 특별한 앵글이나 기술을 고집하지 않는다. 역설적이게도 그의 사진들은 그 자체 평범하기 짝이 없어서 오히려 소중하다. 그에게 사진의 평범성은 디카시에서 사진의 비범성이 일으키는 문제에 대한 일종의 예방책이기도 하다.

디카시에 관한 많은 오해 중의 하나는 일단 사진을 잘 찍어야 한다는 주장이다. 물론 일부러 사진을 못 찍을 이유도 없지만, 디카시에서 사진이 문자기호를 압도할 정도로 탁월할 경우엔 오히려 문제가 된다. 압도적으로 비범한 사진기호가 디카시에서 성공하려면 (그에 버금가는) 압도적으로 비범한 문자기호가 함께 동반되어야 한다. 그러나 현실은 그러지 못하는 경우가 허다하다. 일부 사진작가들이나 기성 시인들이 디카시의 원리를 잘 모르는 상태에서 디카시에 달려들었다가 이내 어려움을 겪는 이유가 바로 이것이다. 디카시의 이론을 잘 알지 못하는 상태에서 디카시를 쓰는 사진작가들은 대부분 상대적으로 비범한 사진기호에 상대적으로 평범하기 짝이 없는 문자기호를 대동하는 경우가 많으며, 기성 시인들의 경우엔 정반대의 사례가 많다.

그런데 이런 식으로는 어느 경우에나 훌륭한 디카시가 나오기 힘들다. 앞에서도 말했지만, 디카시는 사진기호와 문자기호의 활발한 화학반응을 가장 중시한다. 어느 한쪽이 배타적 완결성을 가진 상태에서 상대 쪽을 과도하게 압도할 경우엔 양자 사이에서 아무런 반응도 일어나지 않는다. 오히려 일정 정도 틈새와 구멍이 있어서 그 자체 완결적이지 못한 사진기호와 문자기호가 서로 만날 때 격렬한 화학반응이 일어날 확률이 훨씬 높다. 바로 이 부분

이-특별한 이론적 기반도 없이 사진을 단지 시로 설명하는 것으로 끝나고 마는 '사진시' 일반과 구별되는-디카시 고유의 창발적인 원리이며, 디카시가 일정한 학습을 통해 생활문학으로 일반인들에게 쉽게 다가갈 수 있는 통로이기도 하다.

말 한마디에

녹을지도 모른다

나는 오늘도

살얼음판 위를

달린다

—「산책 중」

이 작품에서 수면의 반사면은 문자기호와의 연결을 통해서만 "살얼음"임이 확인된다. "말 한마디에/ 녹을지도 모른다"는 구문도 역시 사진과 함께 연결될 때야 비로소 이해된다. 이 디카시는 이렇게 그 자체만으로는 완성도가 떨어지거나 특별한 의미로 표출되지 않는 것처럼 보이는 사진기호와 문자기호가 만나 서로 반응하며 의미를 일으키는 과정을 잘 보여준다. 시인은 삶이 매일 "살얼음판"을 달리는 일처럼 아슬아슬한 일이며, 그 모든 위기가 결정적인 "말 한마디"에 달려 있다는 사실을 그 자체로는 평범해 보이는 사진기호와 문자기호의 합성을 통해 탁월하게 보여준다. 게다가 '산책 중'이라는 제목은 사유하는 시인의 외연을 연상케 함으로써 이 시의 분위기를 더욱 깊게 만든다.

오라는 곳은 없어도

가야 할 데가 많은 담쟁이

나도 텃밭에 기대어

늘 봄이 온다 하니

이미 이겨놓고 싸운다

—「이겨놓고 싸운다」

그림자가 비친 황갈색 톤의 사진은 마치 한 폭의 유화 같다. 그것은 밀레의 〈이삭 줍는 여인들〉이나 〈만종〉의 주인공들이 서 있던 늦가을의 황금색 들판을 연상케도 한다. 그러나 자세히 들여다보면 이곳엔 밝은 햇살이 그림자를 더욱 진하게 만들고 벽 전체엔

새로 싱싱하게 일어나고 있는 푸른 새싹들이 보인다. 벽 가득히 비치는 햇살 아래 무수히 뻗어나가는 덩굴들을 시인은 "가야 할 데가 많은" 존재로 묘사한다. "오라는 곳"도 없이 생은 힘들지라도, 이미 "이겨놓고 싸"우듯이 "봄"이 온다는 것을 믿어야 한다는 것이 시인의 생각이다. 사진 속의 그림자는 "텃밭에 기대어" 오는 봄을 믿으며 밝은 햇살을 등에 받고 무수한 길로 뻗어나가는 푸른 생명을 본다.

누가 뭐라 하지 않아도

언제나 같은 방향으로

눈물을 흘리듯

손을 내미는

실의 이야기

―「잇다」

오대환의 디카시들은 이렇게 대부분 소소한 일상의 풍경에서 온다. 담벼락을 가득 메운 담쟁이에서 시인이 본 것은 그 누구의 명령도 없이 "언제나 같은 방향으로" 움직이는 생명의 힘이다. 그

들은 집단을 이루어 손을 내밀며 한 방향으로 움직이는데, 시인은 이것을 "눈물을 흘리듯" 한다고 묘사한다. 말하자면 그것은 매우 고통스럽지만 (운명적으로) 가지 않으면 안 되는 어떤 길처럼 슬픈 길이다. 시인은 아마도 이런 의미를 담벼락에 길처럼 그어져 있는 실금 이미지에서 빌려온 듯하다.

벽의 금은 가는 실처럼 슬프게 이어져 있고, 그것이 지도라도 되는 양 그것을 따라가며 슬픈 손을 내미는 푸른 것들의 운명엔 많은 사연들이 적용될 수 있다. 그것을 시인은 "실의 이야기"라 부른다. 실은 서사와 서사를 이어("잇다") 언제나 같은 방향으로 푸른 생명들을 이끈다. 그러나 그 생명의 끝은 언제나 다시 겨울이고 죽음이다. 그래도 가야 한다. 이 작품은 이런 많은 이야기까지 침묵으로 덧보태 담고 있다.

오대환은 디카시의 소재를 이렇듯 대부분 평범한 일상에서 찾는다. 이는 그가 디카시를 생활 속으로 깊게 끌고 들어와 생의 중요한 일부로 삼고 있음을 보여준다. 그는 언제는 디카시로 변용될 수 있는 현장을 포착하고 그것에 의미를 부여함으로써 주변의 많은 것들을 시적 의제로 삼는다. 그의 일상은 이렇게 하나하나 미적 형상화의 과정을 거치면서 미적 수용의 대상이 된다. 이것이야말로 똑같이 주어진 삶을 더욱 아름답게 가꾸는 시인의 비밀이 아닐 수 없다. '일상시everyday poetry'라 불릴 정도로 너무 흔해서 오히려 눈에 띄지 않은 사물들을 주로 다루면서도, 시인은 또한 사물들 사이에서 타자 지향적 관계의 중요성을 읽어낸다.

너의 상처 곁에

내 마음을 묶었지

고요히 숨을 섞으며

햇살도 나눠 갖고

함께 자라는 하루

―「숨결 하나의」

 이 작품도 사진기호와 문자기호의 상호작용이 돋보인다. 사람의 다리처럼 생긴 나무의 모습은 그 자체 많은 의미로 열려 있다. 시인이 이 사물에 카메라를 들이대는 순간 이 사물의 의미는 순간적으로 응결된다. 마치 께느른히 늘어져 있던 사물이 급속 냉동되는 것처럼 이 사진의 의미는 그 순간 이미 정해진다. 시인은 날시의 형태로 존재하던 사물을 순간 포착해 그것을 다시 문자기호로 순간 언술함으로써 사물의 의미를 극대화한다. 그에게 이 나무는 무수한 의미 중에서도 타자의 "상처 곁에" 자신의 "마음을 묶"는, 철저히 타자 지향적인 태도의 주체로 은유된다. 그렇게 마음을 묶은 두 개체는 하나의 생명체가 되어 모든 것을 함께한다. "숨"을 섞고, "햇살을 나눠 갖고/ 함께 자라는", "숨결 하나의" 두 존재야말로 오대환 시인이 생각하는 가장 아름다운 삶의 방식이다.

놀란 나무의 맨살에

아픔과 절망의 섬이 생겨

슬픔 많은 실존을 이야기하듯

표기되지 않은 지도 속에

절규도島가 숨어 있네

—「절규도島」

사진의 사물은 나무의 옹이가 아니라 혹이다. 옹이가 나무의 가지가 있던 자리가 굳은 것이라면 혹은 나무의 상처가 아물어 굳은 것이다. 사진 속 나무의 혹덩어리는 매우 크고 흉측하다. 시인이 이 디카시를 통해 보여주는 것은 타자의 아픔을 응시하는 윤리적 태도이다. 시인은 나무의 혹을 나무의 맨살에 생긴 "아픔과 절망의 섬"이라 이야기한다. 그것은 "슬픔 많은 실존"의 한 모습이며, 미처 잘 설명되지도 못한 채("표기되지 않은 지도 속에") 남아 있는 "절규"의 섬이다. 사진과 문자가 서로 정동情動의 현을 건드릴 때, 사진 속의 혹덩어리는 마치 슬픈 운명을 속으로 견디고 있는 검은 눈동자처럼 보이기도 한다. 그것에서 "슬픔 많은 실존"을 읽는 시인의 모습은 그가 철저하게 타자 지향적인 윤리학의 주체임을 알려준다.

삐거덕거리면 기름치고

짝이 있었지

소식이 왔나 해서 나가보네

녹슨 귀에 스치우는

산바람 강바람

―「서슬한 날」

 일상의 사물에서도 시인은 타자 지향적인 의미를 먼저 찾아낸다. 이렇게 보면 시인은 하찮아 보이는 사물에서 의미의 전압을 끝까지 올려내는 사람이다. 짝을 잃고 문짝도 달아나 더 이상 쓸모가 없어진 문쩌귀 한 짝에서 시인은 늙고 외로운 독거노인을 떠올린다. 젊을 때 "삐거덕거리면 기름치"던 "짝"도 지금은 곁에 없다. 아마도 그 짝은 이미 이 세상 사람이 아닌 듯하다. 혹시 "소식이 왔나 해서 나가"보지만 아무도 없고, 늙어 "녹슨 귀"엔 "산바람 강바람"만 스친다. 사진과 문자기호가 어우러지면서 이렇게 슬픈 운명의 전압을 마구 올려놓다니 신기하지 않은가. 이 작품에서도 오대한 시인은 여전히 애타게 타자 지향적인 삶의 모습을 보여주고 있다. "짝"은커녕 바람 소리뿐, 주위에 아무도 없는 "녹슨" 존재는 얼마나 외롭고 슬픈가.

　일상을 예술로, 예술을 일상으로 만드는 오대환 시인의 작업에 윤기를 더하는 것은 그의 반짝이는 유머 정신이다. 유머는 시인을 어둡고 우울한 정서에 오래 빠져 있지 않도록 하고 삶을 경쾌한 율동 속에서 빛나게 한다.

게으른 주인

갑작스런 한파에

밀짚모자를 씌우는가

사람보다 배추가

속이 찼기 망정이지

　　　　　　―「속이 보여」

　사람 머리 모양을 한 배추가 게으른 주인의 밀짚모자를 쓰고 있는 모습은 그 자체 우스꽝스럽다. 시인은 갑작스러운 한파에 한여름에나 쓰는 밀짚모자를 배추에 뒤집어씌운 게으른 주인의 "속이" 들여다보인다고 말한다. 미물인 배추는 속이 찼고, 거꾸로 사람의 가벼운 속은 들여다보인다는 대비는 얼마나 유쾌한가. 일상의 어느 순간에 삶은 이렇게 가벼운 코미디처럼 즐겁고 경쾌하다. 이런 유머야말로 힘겹게 삶을 유지하다 결국엔 죽음의 운명에 무릎 꿇을 수밖에 없는 존재들에게 큰 위안을 준다.

마삭줄 모자를 쓴 근위병

당신은

곱슬머리 푸시킨을 아시나요

삶이 그대를 속일지라도

좌로 봤

―「부동자세」

거리를 지나다가 우연히 포착한 이 장면은 그 자체 경이롭다. 바위덩어리는 사람의 상체 같고, 그 위의 덩굴식물은("마삭줄") 근위병의 모자 같다. 이 짧고도 우연한 각도에서 시인은 러시아 시인 푸시킨과 그의 유명한 시 구절 "삶이 그대를 속일지라도 슬퍼

하거나 노여워하지 말라"를 떠올린다. 근위병→러시아→푸시킨의 시 구절로 이어지는 이미지들의 변환은 명백히 인접성에 토대한 환유적 상상력이다. 그러나 이 모든 발랄한 상상력은 다시 "좌로 봤"이라는 명령어에 의해 재정리된다. "삶이 그대를 속일지라도" 우리에게 어떤 명령이 떨어진다면, 우리는 러시아 근위병처럼 다시 "부동자세"로 그것을 따라야 한다. 재기 넘치는 시인의 유머 속에는 그래서 우리가 어쩌지 못하는 운명에 대한 슬픈 암시가 깔려 있다.

지금까지 살펴본 것처럼 오대환 시인의 디카시는 일상을 예술로 그리고 예술을 다시 일상으로 만드는 과정에서 만들어진다. 그는 그렇게 포착한 일상의 순간들을 타자 지향의 윤리학이라는 코드로 다시 정리하고, 그 진지한 사유의 계곡에서도 경쾌한 유머의 여유를 잃지 않는다. 오대환 시인의 디카시들이 앞으로 더 크게 펼쳐질 디카시의 역사에 의미 있는 디딤돌이 되길 빈다.

디카詩 시인선 003
서두르지 않는 봄

지은이_ 오대환
펴낸이_ 조현석
펴낸곳_ 북인
디자인_ 푸른영토

1판 1쇄_ 2025년 11월 11일
출판등록번호_ 313 - 2004 - 000111
주소_ 121 - 842 서울 마포구 서교동 467 - 4, 301호
전화_ 02 - 323 - 7767
팩스_ 02 - 323 - 7845

ISBN 979-11-6512-511-0   03810
ⓒ오대환, 2025

이 책은 한국예술인복지재단 2025년 상반기
창작준비금 지원사업으로 제작되었습니다.

책값은 뒤표지에 있습니다.
저자와 협의 아래 인지를 생략합니다.

이 책의 글과 그림에 관한 저작권은 저자와 출판사에 있습니다.
저자 허락과 출판사 동의 없이 내용의 일부를 인용, 발췌를 금합니다.